My Mother's Necklace
El Collar de mi Madre

Lorena Papayone Wolfman

My Mother's Necklace
El Collar de mi Madre

Bilingual Edition
Edición Bilingüe

Ediciones Lapizlázuli
Lapizlazuli Editions
2011

My Mother's Necklace
El Collar de mi Madre
Copyright © 2011 by Lorena Papayone Wolfman

Published by
Lapizlazuli Editions
Oakland, CA

www.lapizlazulieditions.com
editor@lapizlazulieditions.com

Bilingual Edition
First Edition

Library of Congress Control Number: 2011903891
ISBN-13: 978-0-9834141-0-0
ISBN-10: 0-9834141-0-0

Translations by Lorena Papayone Wolfman
Edited by Lorena Papayone Wolfman
Book Design by Lorena Papayone Wolfman
Cover ilustration: The Goddess Kali, 16th Century, Anonymous
Typeface: OFL Sorts Mill Goudy & Prociono
by Barry Swartz

Publicado por
Ediciones Lapizlázuli
Oakland, CA

www.lapizlazulieditions.com
editor@lapizlazulieditions.com

Edición Bilingüe
Primera Edición

Library of Congress Control Number: 2011903891
ISBN-13: 978-0-9834141-0-0
ISBN-10: 0-9834141-0-0

Traducciones de Lorena Papayone Wolfman
Editado por Lorena Papayone Wolfman
Diseño del libro de Lorena Papayone Wolfman
Ilustración de portada: La Diosa Kali, Siglo XVI, Anónimo
Tipo de letra: OFL Sorts Mill Goudy y Prociono
por Barry Swartz

Acknowledgements

Upon bringing my first book of poems to fruition, I have many to thank. I owe a debt to the muse, that mysterious inspiration that flies in or wells up from the Earth unannounced. I would like to express my gratitude to my mother, for welcoming me into this world and for the many things she introduced me to, among these, Navajo poetry, mythology, dance, and a love for the Earth. I would like to express my gratitude to my father for his tender heart and sense of adventure. My thanks to: Daria Halprin as a teacher and inspiration; Ricardo Chávez for his ability to listen with heart; María Luisa Díaz de León for her friendship and example; Sonia Martin for her encouragement; Nicasio Urbina for his generosity and support; Ron Whitehead for his friendship; Arabella Salaverry for her advice; my professors Gustavo Calderón, Emilio Cabeza-Olías and Gabriela Pisano; my friend Clifton Ross for his committment to the printed word; Pablo O'Dell for his encouragement; Jenny Clemente; Martín Alvarenga; Salvador Mendiola; Enrique Nanti; Miguel Ángel Zapata; the organizers of the International Poetry Festival of Granada, Nicaragua for their inspiring work; Don and Ann Nix; Violeta Latorre for being herself; my brother Randy Gore; Peggy Earle for her suggestions and love; Regina Reilly for her quiet revolutionary ways; Elizabeth Cogburn, Kathleen Summit and Polly Shaafsma and Marjorie Wolfman and Marta and Agueda as role models helping to shape the atmosphere of my early childhood and becoming a vital ripple through my life; to my grandmothers Selma and Alda and their husbands William and Kenneth; George, Mary and Linda Oppen; to all my relations, and to the myriad teachers, friends, and fellow travelers whose presence and support has made this book possible.

Agradecimientos

Al llevar a cabo la publicación de este poemario, hay muchos a quienes tengo que reconocer. Primero, le debo un reconocimiento a la musa, esa inspiración misteriosa que llega volando, a veces brotando de la Tierra sin anunciarse. Me gustaría expresar mi gratitud a mi madre, por darme la bienvenida a este mundo y por las muchas cosas que me mostró, entre ellas la poesía Navajo, la mitología, el baile, y amor por la Tierra. Me gustaría expresar mi gratitud a mi padre por su tierno corazón y sentido de aventura. Les agradezco a: Daria Halprin como maestra e inspiración; Ricardo Chávez por escuchar con su corazón; María Luisa Díaz de León por su amistad y ejemplo; Sonia Martin por su estímulo; Nicasio Urbina por su generosidad y apoyo; Ron Whitehead por su amistad; Arabella Salaverry por sus consejos; mis queridos profesores Gustavo Calderón, Emilio Cabeza-Olías y Gabriela Pisano; mi amigo Clifton Ross por su compromiso con la palabra; Pablo O'Dell por sus palabras de estímulo; Jenny Clemente; Martín Alvarenga; Salvador Mendiola; Enrique Nanti; Miguel Ángel Zapata; los organizadores del Festival Internacional de Poesía de Granada, Nicaragua por tu trabajo inspirador; Don y Ann Nix; Violeta Latorre por ser ella; mi hermano Randy Gore; Peggy Earle por su colaboración y amor; Regina Reilly por su callada disposición revolucionaria; Elizabeth Cogburn, Kathleen Summit, y Polly Shaafsma, y Marjorie Wolfman y Marta y Agueda por ser claves en moldear la atmósfera de mi niñez y convertirse en una oleada vital a través de mi vida; a mis abuelas Selma y Alda y a sus esposos William y Kenneth; George, Mary y Linda Oppen; a todas mis relaciones, y a la multitud de maestros, amigos, y compañeros de viaje cuya presencia y apoyo han hecho posible este libro.

Introduction

Poetry is the soul's speech. It is the embodied imagination's song. By putting it on the page, and making it tangible, a creative quickening toward change and transformation may begin.

Poetry as creative enactment, as incantation, invigorates the world by evoking —and invoking— the allies of the psyche, the forces aligned with living. Our inner angels.

I began the selection process for the poems included in this book during the weeks leading to what would have been my mother's 72nd birthday and the fourth anniversary of her passing. I dedicate this collection to her, to both the woman who was my mother, and in a spiritual sense, to the divine feminine principal, the Goddess, in her myriad forms.

My approach to writing draws on techniques from the Tamalpa Life-Art® Process, bridging life and art through a reciprocally illuminating practice in which each informs the other, resulting in an opening of new vistas of awareness, possibility, development and growth. This expressive arts work involves such disciplines as: somatically-based movement explorations, intermodal arts cycles, that is to say, moving between various art modalities (*dance, painting, poetry*); the three levels of awareness (*mental, emotional and physical*); and the five part process for change and growth. These techniques led me deeper into the spontaneous expression of my own psyche, as a prime creative resource.

With the publication of this work, it is my intention to share some of the fruits of my poetry-making journey which draws from a developing and cumulative aesthetic landscape.

As the daughter of an archaeologist and an anthropol-

Introducción

La poesía es el idioma del alma. Es el canto de la imaginación encarnada. Al ponerla sobre el papel, y hacerla tangible, comienza una animación creativa que tiene el potencial de dar lugar a cambio y transformación.

La poesía como representación creativa, como conjuro o ensalmo, revitaliza el mundo al evocar e invocar a los aliados de la psique, a las fuerzas alineadas con la vida. Nuestros ángeles del alma.

Inicié el proceso de selección de los poemas para este libro durante unas semanas antes del día en que mi madre hubiera cumplido los 72 años que marca los cuatro años desde que falleció. Dedico esta colección a ella, a la mujer que fue mi madre, y en un sentido espiritual, al principio divino femenino, a la Diosa, en sus múltiples manifestaciones.

Al escribir utilizo técnicas del Proceso Vida-Arte de Tamalpa® que consiste en crear puentes entre la vida y el arte a través de una práctica que es recíprocamente iluminadora en la cual cada una informa la otra con el resultado de abrir nuevos horizontes de posibilidad, desarrollo y crecimiento. Este trabajo en las artes expresivas involucra tales disciplinas como: exploraciones de expresión corporal basadas en una conciencia somática; ciclos intermodales de artes, es decir, moverse de una modalidad artística a otra (danza, pintura, poesía); los tres niveles de conocimiento (mental, emocional, y físico); y el Proceso de Cinco Partes que se utiliza para facilitar cambios y crecimiento. Estas técnicas me llevaron a una expresión más profunda y espontánea de mi propia psique, como un recurso fundamental para la creatividad.

Con la publicación de esta obra, espero compartir los

ogist, I traveled through the American Southwest, Mexico and Central America, which led to my first intelligible words being in Spanish. I was exposed to ancient Meso-American art and sacred ceremonial sites, such as Monte Alban, Teotihuacan, and Palenque. I played among the pyramids of the sun and moon and ran in the shadows of Quetzalcoatl and Coatlique.

This collection is bilingual, a play of language and intertwining arts. An ongoing dialogue develops between English and Spanish, as poems are initiated, in one language or the other, and continue to develop in the process of translation, revealing new layers of meaning and syntactic possibilities. The poems emerge from a dreamlike ocean of imagery, feeling and sounds or words. I work within each language and its particular system of lexicographical relationships as created by kindred sounds and cultural connotations. The process often leads to synaptic explosions of joy as fresh language is uncovered.

This work also has roots in having participated in the IV International Poetry Festival in Granada, Nicaragua. There we celebrated poetry as the conscience of the Earth and I participated in the collective, rapturous spell cast by recitations, day and night. In Granada, I felt nourished and inspired to share my poetic voice

For the publication of this book, I have chosen to use the name *Papayone*, given to me when I was an infant, by Jesus Mermejo, a Picuris Pueblo elder. As my mother told the tale, it was just another day in Picuris, New Mexico, when Jesus took me in his arms, held me up before the witnesses of nature, and pronounced my name *Papayone*, "*Little Red Flower*." Using this name honors my mother, who wanted me to remember this story as her own life was coming to an end. Finally, I celebrate the journey of

frutos de mi viaje poético, que para mí, es una expresión que se nutre de un cumulativo paisaje estético en desarrollo continuo.

Como hija de un arqueólogo y una antropóloga, viajé por el Sur Oeste de los Estados Unidos, México y Centroamérica, que tuvo como resultado que mis primas palabras inteligibles fueran en español. Fui expuesta al arte y a los centros ceremoniales de las antiguas civilizaciones Mesoamericanas, Monte Albán, Teotihuacán, y Palenque, entre otros. Jugaba entre las pirámides del Sol y de la Luna y corría en la sombra de Quetzalcoatl y Coatlicue.

Esta colección de poemas es bilingüe, un juego de lenguaje y de artes entretejidos. Un diálogo continuo va estableciéndose entre el inglés y el español, al nacer los poemas en un idioma o en el otro, y luego, seguirse desarrollando en el proceso de la traducción, revelando nuevas capas de sentido y posibilidades sintácticas. Los poemas surgen de un océano onírico e intuitivo de imágenes, sensaciones y sonidos o palabras. Trabajo desde adentro con cada idioma con su sistema particular de relaciones lexicográficas, éste creado por la relación que existe entre la sonoridad de las palabras y por sus connotaciones culturales. Este proceso conduce muchas veces a explosiones sinápticas de regocijo al descubrir un lenguaje fresco.

La raíz de esta obra tiene también como antecedente el haber participado en el IV Festival Internacional de Poesía de Granada, Nicaragua. Todos celebramos allí la poesía como *la consciencia de la Tierra* y participamos de un éxtasis colectivo, un encantamiento desencadenado por las recitaciones poéticas noche y día. En Granada, me sentí nutrida e inspirada para compartir mi voz poética.

Para la publicación de este libro, he elegido usar el nombre

renewal that began for me with this loss.

As with any creative work, this book represents a stepping stone, a milestone on a life's journey.

I offer it to you, reader, as a gift from the road.

Papayone, el nombre que me dio Jesús Mermejo, uno de los líderes del Pueblo de Picurís, cuando yo era bebé. Mi madre contaba que era un día cualquiera en Picurís, Nuevo México, cuando Jesús me levantó en sus brazos, con la naturaleza de testigo, y pronunció mi nombre *Papayone*, "*Florecita Roja*". Usar este nombre es un gesto de respeto en honor a mi madre que, mientras llegaba al final de su propia vida, quería que yo me acordara de este hecho. En conclusión, celebro el camino de renovación que empezó para mí con esta pérdida.

Como cualquier obra creativa, este libro representa un paso y a la vez un hito de un camino en curso.

Te lo ofrezco a ti, querido lector, como un regalo del camino.

What is life?
It is the flash of a firefly in the night.
It is the breath of a buffalo in the wintertime.
It is the little shadow which runs across
the grass and loses itself in the sunset.

¿Qué es la vida?
Es la chispa de una luciérnaga en la noche.
Es el aliento de un búfalo en el invierno.
Es una pequeña sombra que corre
por la hierba y se pierde en el atardecer.

—Crowfoot, warrior and orator,
guerrero y orador

My Mother's Necklace

El Collar de mi Madre

For my mother

Para mi madre

౭௨

Beauty before me
beauty behind me
beauty above me
beauty below me
beauty all around me
I walk in beauty...

Belleza delante de mí
belleza detrás de mí
belleza arriba de mí
belleza debajo de mí
la belleza me rodea
camino con la belleza...

Mothers of creation

Robed in turquoise and wind she came

Yoolgai asdzáá white shell woman

breathing softly out of my dreams

gentle native poemed healing spirit mother

white gown stitched of sea foam

and coy swishing of rattles

exhalting the silence

as light exhalts the darkness

from which we all arise.

We walk in beauty

like the Black Madonna walking

side by side with her sister,

her gleaming obsidian gown

pouring forth the dark.

One in black and the other in white

with arms outstretched

they punctuate the night

with their fingers snapping in the air.

When they open their hands

Madres de la creación

Vestida de turquesa y viento ella vino

Yoolgai asdzáá mujer de nácar.

Respira suavemente desde mis sueños

gentil madre poetisa curandera espíritu nativo.

Su vestido blanco está hecho de espuma de mar

y un menear coqueto y dulce de maracas

que enaltece el silencio

como la luz enaltece la oscuridad

de la cual todos surgimos.

Caminamos con la belleza

como La Virgen Negra que camina

junto a su hermana,

su brillante vestido de obsidiana

derramando la oscuridad.

Una de blanco y la otra de negro

con sus brazos extendidos

salpican la noche

con el sonido de los chasquidos de sus dedos.

Al abrir las manos

they bring Creation into being

they Daughters of the Absolute

they daughters absolutely

they Mothers of God.

ellas engendran la Creación

ellas Hijas de lo Absoluto

ellas hijas absolutamente

ellas Madres de Dios.

Fear

Irony shimmers on my brow

& rings on my lips.

A thousand white paradoxes

escape from my mouth,

doves in flight from their nest.

Shafts of sunlight, their wings

shudder shine glisten spark

search for the singular light

& flee its anonymous origin

in the unity of everything.

It is here

exactly here

in the here

that suggests

that requires

the there

where god herself is glimpsed

through her effects:

El miedo

La ironía titila en mi ceja

y tintinea en mis labios.

Se escapan de mi boca

mil paradojas blancas

palomas alejándose de su nido.

Rayos del sol, sus alas

se estremecen brillan echan chispas

buscan la luz única

y se fugan de su origen anónima

en la unidad de todo.

Es aquí

precisamente aquí

en el aquí

que sugiere

que requiere

el allá

donde la diosa se deja vislumbrar

en sus efectos:

tree

river

wind

fish

sea

mountain & sky—

not to mention

hot or cold

blush or pallor

blood or skeleton

or unbridled temerity

sinister heroism

brilliant ignorance—

all the names all

all & what they represent

under the sun

under the moon

under the blanket of stars

every one a dancer dressed in dawn

transparent & easy before vanishing

árbol

río

viento

pez

mar

montaña y cielo—

además del

calor o frío

rubor o blancor

sangre o calavera

o timidez desenfrenada

heroísmo siniestro

ignorancia brillante—

todos los nombres todos

todo y lo que representan

bajo el sol

bajo la luna

bajo el manto de estrellas

todos son danzantes que lucen el alba

transparentes y desasidos antes de esfumarse

every one a reason

for this celebration

which is the fête

of the World.

todos un motivo

de esta celebración

que es la fiesta

del Mundo.

Sadness

I am someone you carry with you

all your life long.

I follow your steps.

I circle & sigh at your feet.

My roots bury themselves

in the sandy river bottom of your skin

& your gaze freezes somewhere

deep in the water. My sorrow

moistens your wilted cheek

under grief's moon.

My hands envelop you

in a silken veil of mist from the past—

& you dress as a queen in its folds,

you hold it up like a banner of smoke.

You thread my pearl necklace

through your fingers like a rosary.

And remember. Remember.

Remember the timbre of my voice flirting

with the embers of fate's bells.

La tristeza

Soy alguien que cargas contigo

a lo largo de tu vida.

Sigo tus pasos.

Me enrosco y suspiro a tus pies.

Mis raíces se entierran

en la arena del fondo del río de tu piel

y tu mirada se congela en alguna parte profunda

del agua. Mi congoja

humedece tu mejilla marchita

bajo esta luna de luto.

Mis manos te envuelven

en un velo sedoso de bruma del pasado—

Y te vistes de reina en sus pliegues,

lo levantas como un estandarte de humo.

Abres paso con mi collar de perlas

entrelazado entre tus dedos como un rosario.

Y acuérdate. Acuérdate.

Acuérdate del timbre de mi voz que coquetea

con las brasas de las campanas del hado.

With my cry I warn you:

Retrieve your treasure

buried here at the bottom of the sea

& leave!

Only I breathe in these dark waters!

Retrieve your veils of light

& fly to the sun.

I am only a reminder

of the kingdom you have lost.

I offer you shining bread crumbs,

glowing stars to mark your way

to your true sovereignty.

Dentro de mi gemir te amonesto:

¡Recupera los tesoros tuyos

ocultos aquí en el fondo del mar

y lárgate!

¡Sólo yo puedo respirar estas aguas oscuras!

Recupera tu velaje de luz

y vuela al sol.

Sólo sirvo para recordarte

del reino que has perdido.

Te ofrezco migajas centelleantes,

estrellas fulgurosas para marcarte el camino

a tu verdadera soberanía.

Dame of the obsidian dream

Death came visiting.

She said, I have something to tell you.

But I told her, sweet death, I will not listen.

Oh, but I have something to tell you—

Sweet, sweet death,

I will not listen.

I don't want to take leave of my life.

Oh, my love, sooner or later, everyone lets themselves be loved.

And the wind passed over the river

shaking the tresses of the trees.

Daughter, daughter, daughter of mine—

they sang,

lulling me with their soft moans, sooner or later,

everyone surrenders to the charms of the dame of the night,

the dame of the obsidian dream.

La dama del sueño de obsidiana

La muerte me vino a visitar

Me dijo, yo te tengo algo que contar.

Pero yo le dije, Muertecita, yo no te quiero escuchar.

Ay, pero yo te tengo algo que contar—

Muertecita, Muertecita, Muertecita,

yo no te quiero escuchar

mi vida yo no la quiero dejar.

Ay amor, tarde o temprano, todos se dejan amar.

Y por el río el viento pasó

agitando la cabellera de los árboles.

Hija mía, hija mía, hija mía—

cantaban,

arrullándome con sus quedos aullidos, tarde o temprano,

todos se rinden a los encantos de la dama de la noche,

de la dama del sueño de obsidiana.

Black ocean

you have become black ocean

your eyelids shimmer under the moon

where light & water meet

upon the skin of the manifest

I cross a footbridge backwards

across the night

from sunset to sunrise

to catch a glimpse of you

your dark hair streams out past time

to an imageless soundless peace

from which the wind & blue are born

lighting shores & green are born

mountains rivers & gold are born

waves volcanoes & purple majesty are born

overhead

overhead

Océano negro

te has convertido en océano negro

tus párpados brillan bajo la luna

donde la luz y el agua se juntan

sobre la piel de lo manifiesto

cruzo al revés un puentecillo colgante

cruzo la noche

siguiendo el sol de horizonte en horizonte

para vislumbrarte por un instante

tu pelo negro traspasa los límites del tiempo

para alcanzar la paz silente sin imagen

desde el cual nacen el viento y el azul

nacen los rayos las orillas del mar y el verde

nacen las montañas y el oro

nacen las olas los volcanes y la majestuosidad purpúrea

en lo alto

en lo alto

the stars twinkle twinkle

like round mirrors

rinsed clean

by the agile silence—

las estrellas titilan titilan

como espejos redondos

esclarecidos

por un silencio ágil—

My ribs fill up

my ribs fill up with emptiness

the night grabs hold and pulls hard

pulls me along with the moon into the void

the stars burn in their silent distance

the hours dissolve

like bone into grains of sand

my body pours from my mouth like dust

like bone into sand

      sand into dust

            into dust

                  dust...

Mis costillas se llenan

mis costillas se llenan de desolación

la noche me agarra y tira fuerte

me lleva junto con la luna al vacío

las estrellas arden en su distancia silente

las horas se disuelven

como hueso que se convierte en granos de arena

mi cuerpo se derrama por mi boca como polvo

como hueso convertido en arena

      arena en polvo

         en polvo

           polvo...

No one answers

every particle of night is bone dry

the stars outside

for surely there are stars

are obscured by the glow of the city

the absence of day is unbearable

like the lack of water salt or air

no one answers the phone

and the rest have no phone

they have no voice

their ashes fill my house

here in the darkness

my voice reaches out

to an absent god

if she were here, would I notice?

Nadie contesta

cada partícula de la noche es seca como un hueso

las estrellas afuera

que seguramente hay estrellas

las oculta el fulgor de la ciudad

la ausencia del día es insoportable

como la carencia de agua sal o aire

nadie contesta el llamado

y los demás no pueden

ya no tienen voz

sus cenizas me llenan la casa

aquí en la oscuridad

mi voz se extiende

hacia un dios ausente

si estuviera ¿me daría cuenta?

an image a feeling a sense of relief?

and if I pretend will she appear?

only a shower of tears

quenches this ache

a brief downpour

but long enough to go on—

meanwhile, in the kitchen

a chartreuse orchid

has given itself to pushing out fresh leaves.

¿por una imagen una sensación un sentido de alivio?

¿y si hago que existe aparecerá?

sólo una lluvia de lágrimas

sosiega esta dolencia

un aguacero breve

pero suficiente para continuar—

y mientras tanto en la cocina

a una orquídea color verde pálido

le ha dado por arrojar hojas nuevas.

A taste of solitude

what is the taste of solitude?

the flavor of unadorned breath?

as a point of departure for everything

existing before doing

no baroque adornment

what is the singular taste of life?

silent flavor of aloneness

near the well spring of origin

the taste of the extraordinary presence of this moment

the taste of full silence

& the wild forest that inhabits the soul

receiving & embracing roiling rivers & cascades

in its peace-giving arms

what is this taste?

in the midst of quietud

Sabor a soledad

¿cuál es el sabor de la soledad?

¿cuál es la aroma del aliento sin adorno?

como punto de partida para todo

que existe antes de hacer nada

sin ningún adorno barroco

¿cuál es el sabor singular de la vida?

¿el silencioso sabor a solas?

cerca del manantial del origen

sabor al insólito presente de este momento

será el sabor del silencio pleno

del bosque silvestre que habita el alma

que acoge y abarca voraginosos ríos y cascadas

en sus brazos apaciguadoras

¿cuál es este sabor?

en medio del sosiego

this cardinal chant of aboriginal being

bursting with bitter sweet truths

of what it is to live

                    to die

& to understand in the end what of you

                              is love—

este canto cardinal del ser aboriginal

lleno de las agridulces verdades

de lo que es vivir

           morir

y comprender al fin lo que es de ti

                el amor—

Red face of the moon

I am grief's crimson veil.

I am the red face of the moon.

I pass between the sisters of the earth.

I cast my cardinal shadow

'twixt the waves of the sea

'tween the furrows of the plowed fields—

I am the dark

that gives meaning to light,

to each moment we share

wrapped in these humble bodies.

Ride my currents deep underground,

underground before the tenebrious gods

of ire of regret of abandonment...

My keen, breath of gleaming mist

will cleanse you;

my embrace, a mortal shroud,

will keep you safe

till your return.

La cara roja de la luna

Soy el velo color carmesí del luto.

Soy la cara roja de la luna.

Paso entre las hermanas de la Tierra.

Lanzo mi sombra cardinal

entre las olas del mar

entre los surcos de los campos arados—

Soy la oscuridad

que profundiza el sentido de la luz,

de cada momento que compartimos

envueltos de estos humildes cuerpos.

Acóplate a mis corrientes bajo la tierra,

abajo ante los dioses sombríos

de la ira del remordimiento del abandono...

Mi lamento, aliento de bruma relumbrante

te purificará;

mi abrazo, sudario mortal,

te mantendrá a salvo

hasta tu retorno.

Then, let me go. Hand me over.

Open your eyes,

eyes of your dream body,

your most exquisite self,

& remember,

remember this one,

remember the scarlet ruby,

at the center of your heart.

Y entonces, suéltame. Entrégame.

Abre tus ojos,

ojos de tu cuerpo de sueños,

tu ser más exquisito,

y acuérdate,

acuérdate de ésta,

acuérdate del rubí escarlata,

al centro de tu corazón.

Broken Stars

We walk

under the arc

of the Milky Way

with the broken pieces

of our hearts

in our hands.

Our fingers wrap around

these broken stars

shining shards of time

bits of a distant sun

that escape our grasp

sinking in to the desert sands—

we and the dunes will never be again

the same.

Estrellas Rotas

Caminamos

bajo el arco

de la Vía Láctea

con los pedazos rotos

de nuestros corazones

en las manos.

Entre los dedos tomamos

estas estrellas rotas,

luminosos fragmentos de tiempo,

añicos de un sol lejano

que evaden nuestra comprensión

sumiéndose en las arenas del desierto—

nosotros y las dunas nunca seremos otra vez

los mismos.

The green face of night

the green face of night

blows through the stars

howls like a wolf at a locked door

though she is master of open & close

she begs for gold coins

though she is blessing beyond measure

she asks for forgiveness

though she is reconciliation

& the infinite salve that heals all wounds

the green face of night

blows through the stars

longing eternally

for what she never lost

she drinks with thirst

though she is a fount

she longs for her own face

though her essence overflows

La cara verde de la noche

la cara verde de la noche

sopla a través de las estrellas

aúlla en la puerta como un lobo

aunque sea maestra del abrir y cerrar

pide de limosna monedas de oro

aunque sea ella la bendición infinita

pide perdón

aunque sea ella la reconciliación

y el bálsamo infinito que sana todas las heridas

la cara verde de la noche

sopla a través de las estrellas

deseosa eternamente

por lo que nunca perdió

bebe sedienta

aunque sea ella manantial

sigue añorando su propia cara

aunque su esencia se desborda

in even the most remote rooms of the universe

when she remembers who she is

green blows through the stars

the green face of night

meets herself

green night green face

blowing through green stars

green becomes green

hasta en las más recónditas aulas del universo

cuando ella se acuerda quién es

verde que vuela por las estrellas

la cara verde de la noche

se conoce

noche verde cara verde

soplando a través de las estrellas verdes

el verde que se convierte en verde

Night dreaming

I am the indigo night

the night that dreams in silence

white hot fireflies going out

just to light up again

I am the nude white woman under the sheets

the one searching for green apples

my pain tossed in a bundle by the bed

skin caressed by cotton

I search through my ribcase

for more lightning bugs

when they have all gone out

the smell of camphor palo santo & sage

wafts into the room

I chant *Om Mani Padme Hum...*

La noche que sueña

soy la noche de color índigo que sueña

la noche que sueña en silencio

luciérnagas al blanco vivo que se apagan

sólo para volverse a encender

soy la mujer blanca entre las sábanas

la que está en busca de las manzanas verdes

el bulto de mi dolor está tirado a un lado de la cama

mi piel acariciada por el algodón

dentro de mi costado

busco más noctilucas

cuando ya se han apagado todas

el olor a alcanfor palo santo y salvia

llega a la habitación

canto *Om mani padme hum...*

I am the night I once danced

when I dreamed of rain

& this night this night

my memory fills with another life

when I danced on the gypsies' stage

sun bursting pomegranate papaya & mango

I remember

but I shy from longing

scent of tangerine jasmine & bitter lime

I remember

& I fade into the clouds

I fade into the nimbi

where I find myself

capturing butterflies

& elusive stars

I chant *Om Mani Padme Hum*...

soy aquella noche que una vez bailé

cuando me quedé soñando con la lluvia

y esta noche esta noche

mi memoria se llena de otra vida

en la que bailé sobre el tablado de los zíngaros

el sol reventándose de granate papaya y mango

me acuerdo

pero me rehuyo de la añoranza

aroma a mandarina jazmín y lima agria

me acuerdo

y me desdibujo en las nubes

me esfumo en los nimbos

donde me encuentro

capturando los astros

y las mariposas huidizas

canto *Om mani padme hum...*

I have found

a secret entrance

& from the door I watch visions

fluttering like dragonflies in the night sky

eyes closed

eyes closed

slipping on the cold

grey stones of the past

the detour where I got lost

I chant *Om Mani Padme Hum...*

the sun's corona flares

sense arises out of senselessness

like a serpent out of the sea

like the eyes of Aphrodite

with clear sight for small things

& large things

he descubierto

una entrada secreta

y desde la puerta me quedo mirando visiones

que revolotean como libélulas en un cielo nocturno

ojos cerrados

ojos cerrados

resbalándome en las frías

piedras grises del pasado

el desvío donde me perdí

canto *Om mani padme hum...*

brota la corona del sol

sentido surge del sinsentido

como una serpiente que emerge del mar

como los ojos de Afrodita

con la vista despejada para las cosas pequeñas

y las cosas grandes

& now I understand—

as I pull the prayer shawl of night around me

& I hum & sway on the path

of stars spheres worlds galaxies

concepts of Universe & God

I am the light that hurries

toward the dawn of day

to arrive

before the song birds

burst forth

y ahora entiendo—

me envuelvo en la noche como en un chal de oración

y me voy tarareando y meneando por el camino

de las estrellas esferas mundos galaxias

conceptos de Universo y Dios

soy la luz que se apresura

hacía el alba

para llegar

antes del estallido

de los pájaros cantores

Slow

Lick slow the slender fingers of sadness

& nibble suffering's tender ear lobe even slower

slower yet sip contradiction's trembling lips

& slowest of all

absorb paradox's moist eyes.

Inhale the delicate raging aroma of stillness.

Balance on the thrashing tongue of night & dreams

—dreams, the half remembered kind, that never came to be.

Bite deep into the skin of bitterness to find sweetness,

raise up the shuttering moon & sun by which to see.

Embrace both tenebrious diurnal

& blazing nocturnal nadirs.

As Earth continues to wobble on its axis

as perfection camouflaged

by some pale midnight constellation

hides its face

you have only your own eyes with which to see.

Linger. Look. Look with care.

Despacio

Lame lento los dedos delgados de la tristeza

y mordisquea despacio el lóbulo tierno del sufrimiento

más lento aún saborea los labios trémulos de la contradicción

y con la mayor lentitud

absorbe la mirada húmeda de la paradoja.

Inhala el delicado aroma tempestuoso la tranquilidad.

Equilíbrate en la lengua azotadora de la noche y de los sueños

—sueños, de esas recordadas a medias que nunca se lograron.

Muerde fuerte la piel de la amargura para descubrir la dulzura.

Álzalos temblorosos sol y luna para que te alumbren la vista.

Abraza por igual el tenebroso nadir diurno

y el ardiente nadir nocturno.

Mientras la Tierra tambaleante sigue dando vueltas en su eje

mientras la perfección camuflada

por alguna pálida constelación de la medianoche

esconde su cara

tienes sólo tus propios ojos para ver.

No te apartes. Mira. Mira bien.

There are times

I.

There are times when shadow
opaques obscures overtakes the light
reaches up like ocean spray
splashes the colors out of the day
with the gloom uncertainty doubt
of all that was sent into the shade.

The dark vortex of life and death swirls
spewing birds into flight
in such numbers they cast their forms
across the sky and leave a stain
upon all that is bright, every last glint.

Even so, we seekers of the sun find glimmers
in the interstitial silhouettes of wonder and ask
"What is the nature of darkness?
Of light?
                    And what is

Hay veces

I.

Hay veces en que la sombra

opaca oscurece se adueña de la luz

se eleva como una llovizna del océano

salpica los colores del día

con tristeza incertidumbre duda

con todo lo que se mandó a la sombra.

Da vueltas el vórtice de vida y muerte,

la oscuridad gira arrojando pájaros al vuelo

en tal cantidad que lanzan sus formas lúgubres

a través del cielo y lanzan una mancha

sobre todo lo que brilla, hasta el último resplandor.

Aún así, como buscadores del sol, encontramos destellos

en las siluetas intersticiales del asombro y preguntamos

"¿Cuál es la naturaleza de la oscuridad?

¿De la luz?

     ¿Y cuál es

this dance?"

II.

I untangle my wings,

pull them free from the web

that holding them inside down

inside and down across my chest and shoulders.

My wings I extend to the fullest

and discover how to assume darkness,

become opaque and fly.

And now I have become the black sky

and as the night robed in black I fly

with my raven face.

And now my wing tips touch the dawn.

And with the break of day,

I will walk simple

open

esta danza?

II.

Me desenredo las alas

las despego de la telaraña

que las detiene adentro, abajo,

adentro y abajo, cruzando mi pecho y mis hombros.

Extiendo mis alas, acrecentándolas al máximo

y descubro como asumir la oscuridad,

convertirme en ella y volar.

Y ahora me he convertido en cielo negro

y como la noche revestida de negro vuelo

con mi cara de cuervo.

Y ahora las puntas de mis alas alcanzan el amanecer.

Y con el estallido del día,

caminaré sencilla

me abriré

  walk

    walk and open

    open my eyes

    and receive this play

    of light

        and shadow

            light

                shadow

                    light.

                                caminaré

caminaré y me abriré

me abriré los ojos

y recibiré este juego

de luz

    y sombra

        luz

            sombra

                luz.

Mother & daughter poem

Breathe breathe body of mine.

My breath

is a somersaulting double helix

reaching into the universe—

Mother, Mother who art in heaven

in heaven with my other mother

the one who made a place for me in her womb—

In & out

a stealthy serpent without end

salamander sun

rhythmic flux

rise & fall.

Breathe breathe body of mine—

Poema de madre e hija

Respira, respira, mi cuerpo.

Mi respiración

es una doble hélice dando volteretas

extendiéndose por el universo—

Madre, Madre, que estás en los cielos

en los cielos con mi otra madre

la que me prestó un lugar en su vientre—

Por dentro y por fuera:

sigilosa serpiente sin fin

salamandra sol

flujo rítmico

que surge y cae.

Respira, Respira cuerpo mío—

Beat heart of mine beat,

don't stop.

Blood courses

through these veins

heart beat

a single lifetime

this womanly form

fruit of the womb

elbows interlocked

with past lives

& the formless

   mystery

just outside the gait of the imagination...

Quiet, quiet, brain of mine.

Mother, mother who art in heaven...

My mind my body my heart

Late, mi corazón, late,

no ceses de latir.

La sangre fluye

por estas venas

late el corazón

un sola vida

esta forma femenina

fruto del vientre

brazos entrelazados

con vidas anteriores

con lo informe

                del misterio

justo fuera del alcance del compás de la imaginación...

Tranquilo, tranquilo, mi cerebro.

Madre, Madre que estás en los cielos...

Mi mente mi cuerpo mi corazón

guided yes by the imprecise art of my mother

who was shaped by the perfect hands

of the Universe.

guiados sí por el arte impreciso de mi madre

que fue forjada por la mano perfecta

del Universo.

Wind Woman

She is a woman. She is a woman who speaks. She is a woman who speaks with the wind. She is the woman who is speaking. She speaks. She speaks with the woman who spoke with the wind. The woman who spoke with the wind is speaking. She is a woman speaking with the wind. She is a woman who having spoken with the wind still speaks. She, having spoken with the wind, is a woman speaking. She is a wind-speaking woman. She spoke. She spoke with she who spoke with the wind. She had spoken for a long time with the wind-speaking woman. The wind-speaking woman was speaking for a long time with the woman who will soon speak with the wind. She spoke with she who spoke with the wind. She spoke with the wind woman. She was the one who spoke. She spoke with she who had spoken. The wind who had spoken spoke again. The wind was speaking. She had spoken for a long time to the woman speaking. Speaking she spoke. She who has spoken speaks now.

Mujer de viento

Ella es una mujer. Es una mujer que habla. Es una mujer que habla con el viento. Ella es la mujer que está hablando. Ella habla. Habla con la mujer que habló con el viento. La mujer que habló con el viento está hablando. Es una mujer que habla con el viento. Es una mujer que habiendo hablado con el viento habla aún. Ella, habiendo hablado con el viento, es una mujer que está hablando. Es una mujer viento-hablante. Ella habló. Habló con aquella que habló con el viento. Había hablado por mucho tiempo con la mujer viento-hablante. La mujer viento-hablante estuvo hablando por mucho tiempo con la mujer que pronto hablará con el viento. Habló con aquella que habló con el viento. Habló con la mujer de viento. Ella es la que habló. Habló con la mujer que había hablado. El viento que había hablado habló nuevamente. El viento hablaba. Ella había hablado por mucho tiempo con la mujer que habla. Habló hablando. Aquella que ha hablado está habla ahora mismo.

...beauty has been restored

beauty has been restored...

...la belleza se ha restaurado

la belleza se ha restaurado...

No longer here

You are no longer here

for us together to admire

the amazed purple

effervescence of a jacaranda tree.

Do you see it from where you are?

Or is that you there

in full flower?

Ya no estás

Ya no estás aquí

para que admiremos juntas

la asombrada purpúrea

efervescencia de la jacarandá

¿la estarás viendo de donde estés?

¿o eres tú allí

          en plena flor?

Dancing with the wind

Today I see you here again

walking by the bay

your long blue shawl held up the wind

billowing

flying...

Today I see you again

dancing with the wind.

Bailando con el viento

Hoy te veo aquí de nuevo

caminando junto a la bahía

tu largo chal azul alzado al viento

hinchándose

volando...

Hoy te veo nuevamente

bailando con el viento.

First day

a hint of jasmine floats on my breath

as the morning star

slides down my throat

declaring the perfection

of this moment

my twilight veil parts

I breathe deeply

and the Spring leaves shimmer

my sigh flows over the newly turned earth

all the bones of what has ended

have been picked clean

and ring bright

like marimbas of long ago

everything gives way to something new

—may we all receive this

the first day of the rest of creation

in the spirit it is given:

fully open—

Primer día

un dejo de jazmín flota sobre mi aliento

mientras la estrella de la mañana

se desliza por mi garganta

declarando la perfección

de este momento

se abre mi velo de crepúsculo

respiro profundo

y las hojas primaverales brillan

mi suspiro fluye sobre la tierra recién arada

los huesos de lo que ha terminado

quedan limpios

y repiquetean agudos

como marimbas de antaño

todo cede el paso a algo nuevo

—recibamos esto todos

este primer día del resto de la creación

con el mismo espíritu en que se nos es dado:

completamente abierto—

Mother of heaven

goddess of heaven & of water

divine mother of dawn

you are the blue song of the flute

the vertical & resounding voice of the drum

the oscillation of the rain

you are the chant that surrounds

the gyre of many moons

waxing moons waning moons

those yet to be & those that have been

your indigo lips

tell of dreams & visions

mother your turquoise breath

is the divine word

the wise women agree

that you are indivisible & unknowable

mother of dakinis & sylphs

mother of the creator

you exist before

Madre de los cielos

diosa de los cielos y del agua

divina madre del alba

eres el cantar celeste de la chirimía

la voz vertical y sonora del tambor

el vaivén de la lluvia

eres el cantar que circunda

el giro de muchas lunas

lunas crecientes lunas menguantes

las que serán y las que han sido

tus labios índigos

cuentan sueños y visiones

madre tu aliento turquesa

es el verbo divino

las magas coinciden

en que eres indivisible e incognoscible

madre de las dakinis y sílfides

madre del creador

existes antes

& after all thought

divine one I converse with you

about essence

about death

about my path on the earth

I rest in your cerulean arms

where everything occurs in the very center

at the summit where the four paths

known by ten thousand names converge

wood mountain rock

river wind heroic feat

blood your blue eyes

under your watchful gaze I long for the flame

the flame of your heart passion

everything that happens

& that we paint with our imaginations

is born of the sum of your convergences

borrowed recipes

recipes for compassion sea earth volcano

earthquake hurricane infinite measure

y después de todo pensamiento

divina contigo converso

sobre la esencia

sobre la muerte

sobre mi camino por la tierra

descanso en tus brazos cerúleos

donde todo ocurre en el centro mismo

en la cumbre donde convergen

los cuatro caminos de diez mil nombres

palo montaña piedra

río viento hazaña

sangre tus ojos azules

bajo tu vista añoro la flama

la flama de tu corazón pasión

todo lo que ocurre

y lo que pinta nuestra imaginación

nace de la suma de tus convergencias

de tus recetas prestadas

de piedad mar tierra volcán

terremoto huracán infinita mesura

measure without measure

sun & storm

in you I rest & engage

wise woman & mother of the heavens—

mesura sin medida

sol y tormenta

en ti descanso y me acoplo

maga y madre de los cielos—

Weaving

—to the weavers everywhere

weaving

the sky to the night

weaving

the earth to the day

weaving

Arachne Athena

Ixchel Pandora

Penelope Nit

weave

the night to the day

the earth to the sky

stars & glimmers

nooks & openings

crags & rocks

war & peace

comets & oceans

minerals & planets

Tejiendo

—*a las tejedoras*

Tejiendo

el cielo a la noche

tejiendo

la tierra al día

tejiendo

Aracne Atena

Ixchel Pandora

Penélope Nit

mujeres que tejen

la noche al día

la tierra al cielo

estrellas y destellos

escondrijos y transparencias

peñas y rocas

guerra y paz

cometas y océanos

minerales y planetas

skeletons & time

scales & mermaids

brooms & roads

candles & boudoirs

tenderness & life

atoms & universe

the Moirae

at their loom

weave a circumference

of wholeness

my soul their skein

my soul their shuttle

my soul their warp

my soul: owl quetzal spider

tree morning glory & jaguar

dancer & goddess

my soul works at the loom of life

& dreams & desires

across distances

new insights

calaveras y tiempo

escamas y sirenas

escobas y caminos

candelas y alcobas

ternura y vida

átomos y universo

las tres Parcas

en su telar

tejen una circunferencia

íntegra

mi alma su madeja

mi alma su lanzadera

mi alma su urdimbre

mi alma: búho quetzal araña

árbol campanilla y jaguar

danzante y diosa

maneja el telar de la vida

y sueña y desea

a través de las distancias

nuevas compenetraciones

in proximity

new alchemies

underworld darkness & war

wellspring earth peace

my weaver soul

in her hands the threads

of light of wind of rain

of music of life of illumination

my soul

in her hands

the threads of the moon

of the sun & the spheres

where the witch goddesses move

Sunna

Filomena

Tatsuta-Hime

the women of the violet winds

where the soul dissolves

from one life into the next

& in this life

a través de las cercanías

nuevas alquimias

averno tinieblas guerra

manantial tierra paz

mi alma tejedora

en sus manos los hilos

de luz de viento de lluvia

de música de vida de iluminación

mi alma

en sus manos

los hilos de la luna

del sol y las esferas

por donde transitan las diosas magas

Sunna

Filomena

Tatsuta-Hime

las mujeres de los vientos violáceos

por donde el alma se esfuma

de vida en vida

y en esta vida

rises up & travels

like the waves of the ocean

always new.

se levanta y viaja

como las olas del mar

siempre nueva.

Mystery

Mystery unfolding beyond measure

mystery holding mystery

giving unimaginable light

that fulfills beyond measure

all hope all prayer

realized in the mystery of now...

these silent wings unfolding

birds of loss

yes as they do I take flight

take flight anew

with a batting flutter of my wings

breast bone to the air

I take flight I take flight

glide on the gleaming wings of time

all time together now

in the blinking mystery of now

in the joyous song of now

in the perfect discernment of all

El misterio

El misterio se despliega sin medida
el misterio abrazándose del misterio
dando una luz inimaginable
que llena sin mesura
toda esperanza toda plegaria
cumplida en el misterio del presente...
estas alas sigilosas desplegándose
pájaros de lo perdido
sí como ellos subo al aire
vuelo de nuevo
con un batir tembloroso de mis alas
pecho al aire
doy vuelo doy vuelo
me deslizo sobre las alas centelleantes del tiempo
todos los tiempos juntos ahora
en el abrir y cerrar del misterio del presente
en la alegre canción del ahora
en el perfecto discernimiento del todo

& the perfect speaking of all

& the joyous speaking of now

& the stealthy creation of circles

of listening to the now to the here to the essence

sweetest taste of presence

moving on tongues everywhere

everywhere gleaming gleaming

cresting distances

light on the horizon

of the present moment

stars on the crest of the way here

& nowhere else here here here

move with me let's dance

surrender to this altar of love

& unfolding joy arising

beyond all arising beyond

beyond all hope beyond

tender loving tender kindness

tender

kindness

y el perfecto hablar de todo

y el alegre hablar del presente

y el crear círculos

para escuchar este momento aquí esta esencia

el sabor más dulce de la presencia

que se mueve en las lenguas de todas partes

en todas partes reluciente reluciente

alcanzando superando distancias

luz en el horizonte

del presente momento

estrellas en la cumbre del camino para llegar aquí

y a ningún otro lado aquí aquí aquí

únete a mis pasos bailemos

entrégate a este altar de amor

y alegría desplegándose levantándose

más allá de toda expresión más allá

más allá de toda esperanza más allá

amorosa tierna ternura

     tierna

       ternura

tender mystery

        unfolding

                mystery.

tierno misterio

desplegando

misterio.

My mother's necklace

the ocean that courses

through my veins

responds to the call

of the moon

all night long

I count the beads

in Kali's necklace

beads of blood of lamentation

Kali the black one

tongue of forbidden fire

beyond rot & stench

beyond burned earth & death

El collar de mi madre

el océano que corre

por mis venas

responde al llamado

de la luna

a lo largo de la noche

voy contando las cuentas

del collar de Kali

de sangre y de llanto

Kali la negra

lengua de fuego prohibido

más allá de podredumbre y de hedor

más allá de tierra calcinada y de muerte

beyond time

beyond form

I count the beads

in Coatlicue's necklace

Coatlicue

of the serpent skirt

mother of the gods

womb & grave

moon & stars

& war

her stridence & clamor

trumpets & hand drums

sound in the West

I count the beads

más allá del tiempo

más allá de la materia

voy contando las cuentas

del collar de Cōātlicuē

Cōātlicuē

de la falda de serpientes

madre de los dioses

matriz y tumba

luna y estrellas

y guerra

suena su estridencia

clamor trompetas y atabales

en el poniente

voy contando las cuentas

in the necklace of life & of death

eternity beyond form

I sit before Coatlicue & Kali

as each one rattles & shakes

her collected skulls

& plundered hearts

pain heartache & change

it was for these times

my mother left me

a necklace

carved of the small ivory branches

of her hands & feet

phalanges branching into roots

a filigree of veins embedded

del collar de la vida y de la muerte

eternidad más allá de la materia

sentada frente a Cōātlicuē y Kali

cada una sacudiendo

su colección de calaveras

y corazones arrebatados

dolor congoja y cambio

fue para estos tiempos

que mi madre me dejó

un collar

tallado de los vástagos de marfil

de sus manos y de sus pies

falanges floreciendo en raíces

una filigrana de venas fundidas

into the night sky

earth's womb

I count

the beads

of my mother's necklace

all night long

delicacy & bone

& deep & bone

& absence & bone

& flame & bone

now

here

en la noche

la matriz de la tierra

cuento

la cuentas

en el collar de mi madre

toda la noche

ternura y hueso

y fuerte y hueso

y ausencia y hueso

y llama y hueso

ahora

aquí

me

gone

all

one

strong medicine
for troubled times

my blood
flows

with the rose   sea   salt
she gave me

for all times
all time

yo

nada

todo

uno

medicina fuerte
para tiempos fuertes

mi sangre
fluye

con la sal rosada del mar
que ella me regaló

para todos los tiempos
todo el tiempo

ivory pearl cloud hurricane

& marrow that builds

the world

anew

at the light of dawn

marfil perla nube huracán

y tuétano que fabrica

el mundo

nuevamente

a la luz del alba

...in beauty it is finished
in beauty it is finished...

—Navajo Chant

... con belleza esto termina
con belleza esto termina...

—Canto Navajo

Index

Índice

About the Author———

Lorena Papayone Wolfman was born in Boulder, Colorado. As the daughter of anthropologists, she spent her childhood traveling between the past and present cultures of the American Southwest and Mesoamerica. She has a Master's Degree in Spanish Literature from San Francisco State University. Multimedia artist, teacher and poet, she has been published and has performed internationally. She is a graduate of the Expressive Arts Program at the Tamalpa Institute, where she also serves on the board of directors. She maintains a blog: Swimming through the Sky (http:// lapizlalzulili.blogspot.com). Currently, she lives in Oakland, California.

Acerca de la Autora——

Lorena Papayone Wolfman nació en Boulder, Colorado. Como hija de antropólogos, pasó la niñez viajando entre las culturas del pasado y del presente del Suroeste Americano y Mesoamérica. Tiene una Maestría en Literatura castellana de San Francisco State University. Artista multimedia, maestra y poeta, ella ha sido publicada y ha presentado su trabajo internacionalmente. Es egresada del programa de Artes Expresivas del Instituto Tamalpa, donde también sirve en la mesa directiva. Mantiene un blog: Nadando por el Cielo (http:// lapizlazulili.blogspot.com). Actualmente, vive en Oakland, California.

Lapizlazuli Editions is a press dedicated to supporting, developing, and sharing the expressive and embodied arts, poetry, and related disciplines. It is a press that transcends the borders of time and space, of language and geographies, and more importantly, that crosses the border between art and life.

For future publications, visit our web site: lapizlazulieditions.com

Ediciones Lapizlázuli es una editorial dedicada al apoyo, desarrollo y diseminación de las artes expresivas, la poesía y otras disciplinas que integran como base fundamental la inteligencia corporal. Es una editorial que traspasa las fronteras de tiempo y de espacio, de idiomas y geografías, y más importante, que cruza la frontera entre la vida y el arte.

Para nuestras publicaciones próximas, visita nuestra página web: lapizlazulieditions.com

CPSIA information can be obtained at www.ICGtesting.com
Printed in the USA
266077BV00001B/32/P

9 780983 414100